APRENDIENDO SOBRE

Los JUEGOS OLÍMPICOS

HISTORIA
2

DEPORTES
OLÍMPICOS
12

JUEGOS
PARALÍMPICOS
20

ATLETAS
24

BRASIL EN LOS
JUEGOS
34

ACTIVIDADES
36

HISTORIA

Inicio de los Juegos Olímpicos en Olimpia, en la Antigua Grecia.

776 a. C.

Fin de los Juegos Olímpicos en la Antigua Grecia.

393 d. C.

Edad Antigua

Los juegos se realizan por primera vez en América del Sur, en Río de Janeiro.

Los Juegos Olímpicos de Tokio se postergaron para 2021 debido a la pandemia de COVID-19 alrededor del mundo, pero se mantiene el nombre Tokio 2020. Esta es la primera vez que se postergan los Juegos Olímpicos.

2020

2016

2010

Se realizan los primeros Juegos de la Juventud, en Singapur.

Discóbolo. Famosa estatua griega, de Mirón de Eléuteras, de cerca de 455 a. C. Retrata a un atleta en el momento del lanzamiento de un disco. Su cuerpo es atlético y demuestra su esfuerzo, pero su rostro es suave. No se ha conservado la obra original; la que conocemos es una copia romana.

1988

A partir de este año la ciudad sede de los Juegos Olímpicos de Verano sería también la ciudad sede de los Juegos Paralímpicos.

Las diversas ediciones de los Juegos sufrieron la influencia del contexto político.

Guerra y paz

*En Tokio, en **1964**, el japonés Yoshinori Sakai encendió el pebetero olímpico.*

1920

En Amberes se sueltan palomas blancas por primera vez en la ceremonia de apertura de los Juegos, para simbolizar la paz tras la Primera Guerra Mundial. Pese a ello, a algunos países que intervinieron en la guerra se les prohibió participar de los Juegos.

1936

En Berlín el estadounidense negro **Jesse Owens** gana cuatro medallas de oro y bate récords mundiales en atletismo, venciendo al alemán blanco Luz Long. Hay una leyenda que cuenta que el líder alemán Aldolf Hitler dejó el estadio al saber que debería saludar al vencedor. Sin embargo, los atletas se volvieron amigos, y Long recibió póstumamente una medalla del COI por el espíritu olímpico que demostró al saber perder en aquel momento histórico. Además de esta, otras muchas historias marcaron los Juegos de Berlín: el boicot a los atletas judíos y a los de algunos países en respuesta al nazismo, las acciones para disfrazar la actuación violenta de la policía, las trampas para hacer vencer a los alemanes en lugar de a los atletas de otras nacionalidades, etc.

1940 y 1944

Se cancelan las Olimpiadas a causa de la Segunda Guerra Mundial.

1964

El japonés **Yoshinori Sakai** enciende el pebetero olímpico en Tokio. Él nació el 6 de agosto de 1945 en Hiroshima, el día en que la bomba nuclear lanzada por los Estados Unidos destruyó la ciudad. Su participación representó la reconstrucción de Japón y constituyó un llamamiento a la paz tras las Guerras Mundiales.

1968

En México D. F. los atletas estadounidenses **Tommie Smith** y **John Carlos** protestan contra el racismo. En el podio reciben sin zapatillas sus medallas de oro y bronce, respectivamente, y levantan la muñeca con un guante negro mientras suena el himno de su país. Como consecuencia, se los expulsa de los Juegos. Sus compatriotas Lee Evans, Larry James y Ronald Freeman protestan de forma semejante: reciben sus medallas con boinas negras. Atletas cubanos también se manifiestan contra el racismo.

Históricamente, **Olimpiadas** significaba el período de cuatro años entre dos competiciones y **Juegos Olímpicos** era el nombre del evento. Sin embargo, hoy en día se utilizan los dos términos como sinónimos.

1972

En Múnich nueve integrantes de la delegación de Israel son tomados rehenes y asesinados por un grupo terrorista árabe que exigía la liberación de doscientos prisioneros árabes. Además, mueren dos atletas israelíes, un policía y cinco terroristas. Se hace una pausa de 34 horas en los Juegos. Fue la edición más triste y violenta de la historia.

1980

Los Estados Unidos y otras sesenta delegaciones boicotean los Juegos de Moscú debido a la invasión de Rusia a Afganistán (EE. UU. apoya a este país), pese a la decepción de sus atletas, que se habían preparado durante años para competir. Como respuesta, en 1984 los países comunistas boicotean los Juegos de Los Ángeles.

En las demás ediciones, en general, los países involucrados en conflictos han dado tregua para facilitar la participación de sus atletas en los Juegos Olímpicos. No obstante, hasta 1988 hay casos de boicots por parte de algunos países debido a cuestiones políticas.

Se cancelan los Juegos Olímpicos de Berlín debido a la Primera Guerra Mundial, pero esta edición se registra en el conteo oficial como los VI Juegos Olímpicos.

1916

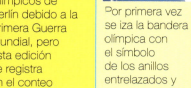

Por primera vez se iza la bandera olímpica con el símbolo de los anillos entrelazados y los atletas hacen el juramento olímpico.

1920

Inicio de los Juegos Olímpicos de Invierno en Chamonix, Francia.

1924

Introducción del ritual del encendido y del apagamiento de la llama en el pebetero olímpico, en Ámsterdam.

1928

Por primera vez los Juegos se disputan en solo 16 días. Hasta entonces, las competiciones llegaban a 79 días.

1932

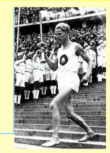

Se lleva la llama olímpica desde Olimpia (Grecia) a la ciudad sede (Berlín) por primera vez en la Edad Moderna.

1936

Se cancelan los Juegos Olímpicos de Helsinki debido a la Segunda Guerra Mundial, pero esta edición se registra en el conteo oficial como los XII Juegos Olímpicos.

1940

Se cancelan los Juegos Olímpicos de Londres debido a la Segunda Guerra Mundial. Una vez más la edición se registra en el conteo oficial, de esta vez como los XIII Juegos Olímpicos.

1944

Primera transmisión televisiva internacional de los Juegos Olímpicos; en este caso, los de Invierno, en Cortina d'Ampezzo, Italia.

1956

Se realizan los primeros Juegos Paralímpicos, en Roma.

1960

Edad Moderna

[...] barón francés [Pi]erre de Coubertin [1]863-1937) [pro]pone recrear los [Ju]egos Olímpicos [de] la Edad [An]tigua y funda el [C]omité Olímpico [Int]ernacional (COI).

1894

Inicio de los Juegos Olímpicos de la Edad Moderna, en Atenas, Grecia.

1896

Primera participación femenina en los Juegos.

1900

Por primera vez los vencedores de las competiciones reciben medallas de oro, plata y bronce.

1904

Grecia organiza una edición internacional extraordinaria de los Juegos en Atenas. El COI no la reconoce como oficial.

1906

Pierre de Coubertin crea el símbolo de los cinco anillos entrelazados sobre fondo blanco para representar las banderas de todos los países.

1913

LOS JUEGOS A TRAVÉS DE LOS TIEMPOS

Los Juegos Olímpicos surgieron en la Antigua Grecia en el año 776 a. C. En esa época ellos estaban directamente relacionados con el culto al dios Zeus. Se disputaban carreras, saltos, lanzamientos, luchas, tiro, pruebas hípicas y pentatlón, y las competiciones tenían una duración de cinco días. Los atletas provenían de diversas ciudades griegas, y estaba prohibida la participación de mujeres. Los Juegos se celebraban en la ciudad de Olimpia. En 393 a. C. el emperador Teodosio I los prohibió. Volverían a tener lugar en 1896.

1978

Se publica en Suiza la Carta Olímpica (originalmente escrita por Coubertin en 1898), un documento que afirma los principios, las reglas y los estatutos adoptados por el COI. Presenta los valores del olimpismo: amistad, comprensión mutua, igualdad, solidaridad y juego limpio (*fair play*).

Símbolos

Muchos de los símbolos que forman parte de la tradición de las Olimpiadas tienen lugar en las ceremonias de apertura y de clausura. Tales eventos protagonizaron momentos históricos de los Juegos.

Discursos de los miembros organizadores.

Presentación cultural del país sede, junto con su himno y su bandera.

Apertura

Llama, antorcha y pebetero Se enciende la llama por primera vez en la Edad Moderna en Ámsterdam 1928. Desde Berlín 1936, en todas las ediciones se enciende la llama en Olimpia, Grecia, con una técnica que utiliza la luz del sol y se la traslada en una antorcha a la ciudad sede en un recorrido realizado por diversos atletas, hasta llegar al estadio donde tendrá lugar la ceremonia de apertura de los Juegos, y se enciende el pebetero.

Encendido del pebetero.

Entrada de la bandera olímpica.

El arquero paratleta español Antonio Rebollo lanzando una flecha para encender el pebetero en los Juegos de Barcelona, en 1992. La flecha sobrepasó el pebetero, sin embargo este se encendió automáticamente.

Ciudades sede

El proceso de elección de las ciudades sede es muy criterioso y empieza nueve años antes. Incluye dos etapas: la de inscripción y la de candidatura. En la última, las ciudades deben entregar diversos documentos en los que presenten su propuesta y garanticen su capacidad de realizar tan grandioso evento. Entre los muchos requisitos, las ciudades deben:

➡ tener capacidad para recibir a los más de 10 000 atletas y sus delegaciones, a los profesionales de la prensa nacional e internacional (¡casi la misma cantidad que la de atletas!), a los voluntarios locales y extranjeros (¡cerca de 60 000!);

➡ poseer (o tener medios para proveer) instalaciones adecuadas para la realización de las competiciones;

➡ ofrecer infraestructura de transporte aéreo y terrestre, hospedaje (incluso la Villa Olímpica), turismo y, sobre todo, seguridad;

➡ tener un clima agradable en el período de los Juegos: no puede hacer demasiado calor ni demasiado frío;

➡ ubicarse a una altitud adecuada, porque una altitud elevada dificultaría la respiración y comprometería el desempeño de los atletas.

El órgano responsable de la elección de las ciudades sede es el Comité Olímpico Internacional.
Ser sede de los Juegos Olímpicos implica inversiones financieras, tecnológicas, turísticas y culturales en la ciudad y el en país.

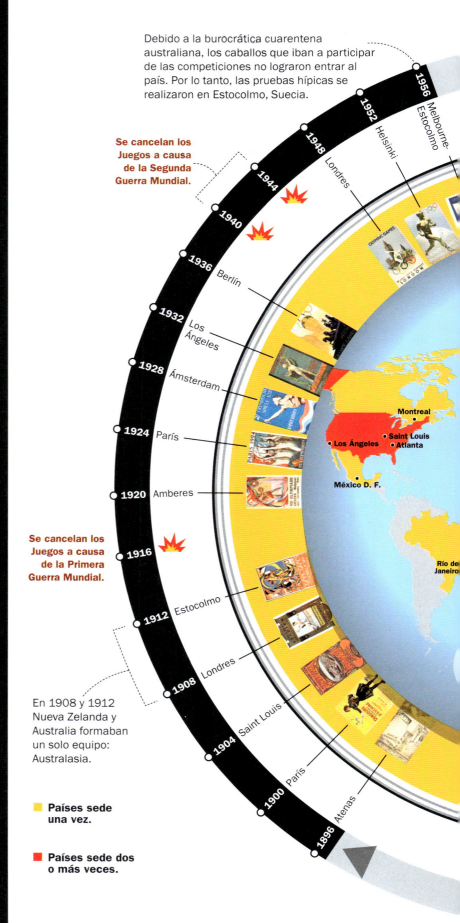

Debido a la burocrática cuarentena australiana, los caballos que iban a participar de las competiciones no lograron entrar al país. Por lo tanto, las pruebas hípicas se realizaron en Estocolmo, Suecia.

Se cancelan los Juegos a causa de la Segunda Guerra Mundial.

Se cancelan los Juegos a causa de la Primera Guerra Mundial.

En 1908 y 1912 Nueva Zelanda y Australia formaban un solo equipo: Australasia.

■ Países sede una vez.

■ Países sede dos o más veces.

Desde 1972 los Juegos tienen una mascota, que puede ser un animal o un personaje que represente los valores olímpicos y la cultura del país sede.

Los Juegos Olímpicos de Invierno

En 1924, en Chamonix, se realizó por primera vez la Semana de Deportes de Invierno. Dos años después se la reconocería como la primera edición de los Juegos Olímpicos de Invierno. Hasta 1992 estos juegos se celebraban en el mismo año que los de Verano. A partir de la edición de 1994, en Lillehammer, se estableció un calendario oficial para los Juegos de Invierno, que pasarían a realizarse cada cuatro años intercalados con los de Verano.

En estos juegos todos los deportes se llevan a cabo en el hielo o en la nieve.

○ Juegos realizados juntamente con los Juegos de Verano

1924 Chamonix **FRANCIA** — Inicio de los Juegos Olímpicos de Invierno.

1928 Saint Moritz **SUIZA**

1932 Lake Placid **ESTADOS UNIDOS**

1936 Garmisch-Partenkirchen **ALEMANIA**

1940 – 1944 Se cancelan los juegos a causa de la Segunda Guerra Mundial.

1948 Saint Moritz **SUIZA**

1952 Oslo **NORUEGA**

1956 Cortina d'Ampezzo **ITALIA** — Ese año faltó nieve en la ciudad sede. Los organizadores trajeron bloques de hielo de las montañas para garantizar la realización de las competiciones.

1960 Squaw Valley **ESTADOS UNIDOS**

1964 Innsbruck **AUSTRIA**

1968 Grenoble **FRANCIA** — Debido al aumento de la temperatura, las pruebas de luge y bobsleigh no pudieron llegar a las etapas finales. Se consideraron los resultados de la tercera ronda de competiciones.

1972 Sapporo **JAPÓN**

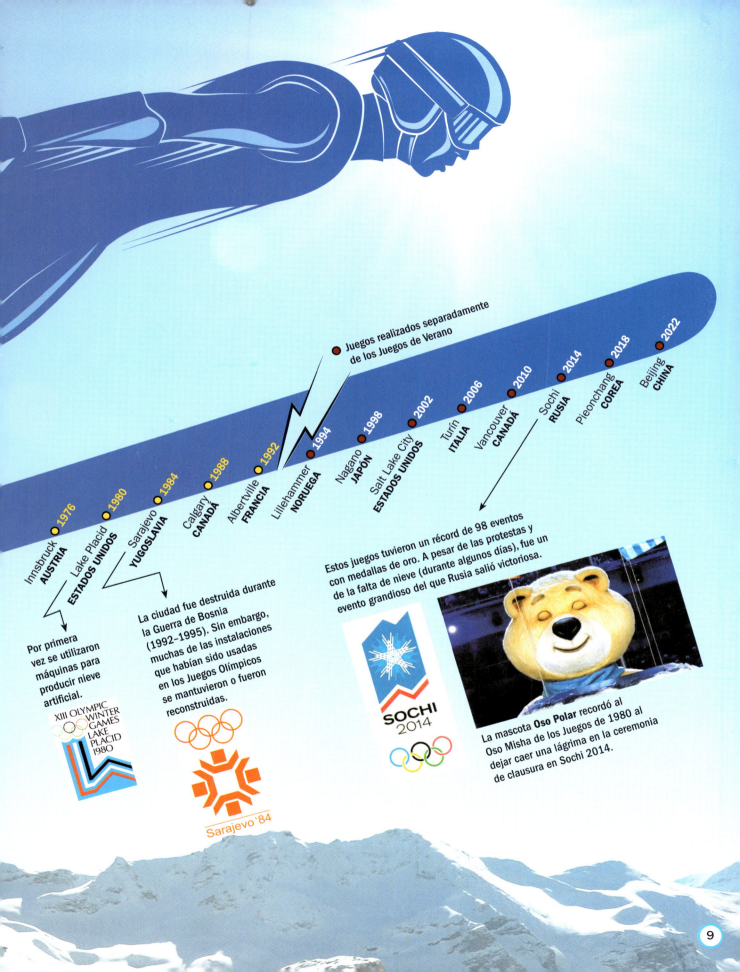

- Innsbruck **AUSTRIA** 1976
- Lake Placid **ESTADOS UNIDOS** 1980
- Sarajevo **YUGOSLAVIA** 1984
- Calgary **CANADÁ** 1988
- Albertville **FRANCIA** 1992
- Lillehammer **NORUEGA** 1994 — Juegos realizados separadamente de los Juegos de Verano
- Nagano **JAPÓN** 1998
- Salt Lake City **ESTADOS UNIDOS** 2002
- Turín **ITALIA** 2006
- Vancouver **CANADÁ** 2010
- Sochi **RUSIA** 2014
- Pieonchang **COREA** 2018
- Beijing **CHINA** 2022

Por primera vez se utilizaron máquinas para producir nieve artificial.

XIII OLYMPIC WINTER GAMES LAKE PLACID 1980

La ciudad fue destruida durante la Guerra de Bosnia (1992-1995). Sin embargo, muchas de las instalaciones que habían sido usadas en los Juegos Olímpicos se mantuvieron o fueron reconstruidas.

Sarajevo '84

Estos juegos tuvieron un récord de 98 eventos con medallas de oro. A pesar de las protestas y de la falta de nieve (durante algunos días), fue un evento grandioso del que Rusia salió victoriosa.

SOCHI 2014

La mascota **Oso Polar** recordó al Oso Misha de los Juegos de 1980 al dejar caer una lágrima en la ceremonia de clausura en Sochi 2014.

Los Juegos Olímpicos de la Juventud

"Aprender a conocer, aprender a ser, aprender a hacer y aprender a vivir juntos"

Además de los Juegos de Verano, los de Invierno y los Paralímpicos, existen los **Juegos Olímpicos de la Juventud**, que se realizan cada cuatro años exclusivamente para atletas entre 15 y 18 años.

Estos juegos fueron ideados por el médico y exatleta olímpico **Jacques Rogge** en 2001, durante su presidencia del Comité Olímpico Internacional. Su objetivo era motivar a los jóvenes a practicar deportes y, de esta manera, mejorar su salud y combatir la obesidad infantil y juvenil. Otro reto que se había propuesto era recuperar el papel de la asignatura Educación Física, que estaba siendo eliminada del currículo de algunos colegios y, con ella, los valores del deporte y el olimpismo. Para ello, en las ediciones se celebrarán **sesiones educativas** del Programa de Cultura y Educación.

Los deportes que se disputan en los Juegos de la Juventud, en general, son los mismos de los Juegos tradicionales, pero no se permiten todas las modalidades y algunas sufren adaptaciones. Además, están permitidos los equipos mixtos de chicos y chicas.

Se realizan cursos, talleres, chats, etc. con atletas y exatletas olímpicos sobre temas como olimpismo, responsabilidad social, desarrollo de habilidades, expresión y bienestar, estilo de vida saludable, además de planificación de carrera y cuidados del medioambiente.

Historia breve de los Juegos Olímpicos de la Juventud

Juegos de Verano

- **2010** — **CIUDAD DE SINGAPUR**, Singapur
- **2014** — **NANKÍN**, China
- **2018** — **BUENOS AIRES**, Argentina
- **2022** — **DAKAR**, Senegal

Juegos de Invierno

- **2012** — **INNSBRUCK**, Austria
- **2016** — **LILLEHAMMER**, Noruega
- **2020** — **LAUSANNE**, Suiza

Mascota Yodli – Lausanne 2020

Escanea este código QR para ver más sobre **la historia de las Olimpiadas**
http://mod.lk/olimpic

DEPORTES OLÍMPICOS

DESDE EL INICIO DE LOS JUEGOS diversos deportes han intentado ser olímpicos, pero hasta ahora no lo han logrado, como el tiro al palomo (prohibido para proteger a las aves), la carrera de globos, el tiro con cañón, la carrera de asnos, la disputa de cometas, la pesca y el billar. Otros, pese a su excentricidad, han llegado a disputarse, como el levantamiento de piedras y la escalada con cuerda.

En cada nueva edición de los Juegos algunos deportes entran o salen de la lista oficial, en función de factores como la cantidad de atletas, su profesionalización, sus federaciones, etc.

Algunos deportes que ya no forman parte de los Juegos Olímpicos son: motonáutica, tira y afloja, críquet, croquet, juego de palma, *lacrosse*, pelota vasca, polo, raquetbol y roque.

Sin embargo, algunos deportes como el *bowling*, el fútbol sala, el *squash*, el patinaje de velocidad y el *wakeboard*, por ejemplo, intentan ingresar o regresar al rol de los oficiales.

JUEGOS OLÍMPICOS DE VERANO

Deportes que van a disputarse en los Juegos Olímpicos de Tokio 2020

ATLETISMO

El atletismo es el deporte más tradicional de los Juegos Olímpicos; se disputa desde la Antigua Grecia. Las pruebas son de pista (carreras), de calle (maratón y marcha atlética) y de campo (saltos y lanzamientos), además de las pruebas combinadas (heptatlón para mujeres y decatlón para hombres).

INDIVIDUAL   EQUIPO
PISTA   VALLA   PÉRTIGA
PESO   DISCO

CARRERA DE VALLAS

- Los **pictogramas**, esos dibujos oficiales que resumen las modalidades olímpicas, surgieron en 1948. Desde entonces se reinventan a cada edición de los Juegos. Aquí presentamos los pictogramas de los Juegos Olímpicos de Tokio 2020.

- La expresión latina *citius, altius, fortius* ("más rápido, más alto, más fuerte") representa las modalidades del atletismo: carreras, saltos y lanzamientos. En 1894 el Barón de Coubertin propuso que este fuera el lema de los Juegos.

- La **modalidad** surgió de una leyenda griega: el soldado y atleta griego Fedípides habría sido enviado de la planicie de Maratón a la ciudad de Atenas para anunciar la victoria de los griegos sobre los persas en la Primera Guerra Médica. Se dice que el soldado murió después del esfuerzo. Atenas dista 40 km de Maratón, distancia aproximada que recorren los maratonistas en la Edad Moderna.

 BÁDMINTON

Es un deporte muy popular en el sudeste de Asia y, por la cantidad de practicantes en ese continente, es uno de los más populares del mundo. Ingresó en los Juegos Olímpicos de Barcelona 1992 y desde entonces los asiáticos son los principales medallistas.

INDIVIDUAL PAREJA
RAQUETA VOLANTE

 BALONCESTO

En Saint Louis 1904 se presentó el deporte como exhibición; en aquel entonces las canastas eran cestas semejantes a las de melocotones, pero con agujeros. En 1906 las cestas evolucionaron a canastas con aro metálico. El deporte ingresó oficialmente en Berlín 1936. En Tokio 2020, el baloncesto 3 × 3 se incluirá en los Juegos Olímpicos por primera vez. Se desarrolló con base en el baloncesto que se practica en las calles. Dos equipos juegan en media cancha y anotan puntos metiendo la pelota en la misma canasta.

EQUIPO CANASTA PELOTA

 BOXEO

Es un deporte practicado desde las Olimpiadas de la Edad Antigua. En la Edad Moderna estrenó en Saint Louis 1904 y desde entonces solo no estuvo presente en Estocolmo 1912, porque una ley del país prohibía el deporte.

INDIVIDUAL GUANTES

 CANOTAJE ESLALON

Se utilizan canoas o kayaks ligeros y resistentes a las aguas bravas. Son más pequeños que los de canotaje de velocidad para hacer posibles más maniobras durante el trayecto y, de esta forma, permitir que los atletas pasen por las puertas obligatorias (entre 18 y 25).

INDIVIDUAL
REMO KAYAK

 CANOTAJE DE VELOCIDAD

Se utilizan canoas o kayaks largos y aerodinámicos, adecuados a las aguas tranquilas.

INDIVIDUAL PAREJA EQUIPO
REMO KAYAK CANOA

 CICLISMO (BMX)

BMX significa *Bicycle Moto Cross*. En Tokio 2020, además de la carrera de velocidad, el programa presentará un evento de estilo libre por primera vez.

INDIVIDUAL BICICLETA CASCO

 CICLISMO DE MONTAÑA

Las "pistas" de esta modalidad son de tierra, con subidas, bajadas y desafíos al aire libre. Las bicicletas son resistentes, pero no por ello pesadas: pesan, como máximo, 9 kg.

INDIVIDUAL BICICLETA CASCO

13

CICLISMO DE RUTA

Se utilizan bicicletas de hasta 6,8 kg, hechas de fibra de carbono, y con veinte marchas como máximo.

INDIVIDUAL   BICICLETA   CASCO

CICLISMO DE PISTA

Las pruebas de esta modalidad se disputan en velódromos con pistas de madera.

INDIVIDUAL   EQUIPO   BICICLETA   CASCO

MARATÓN DE NATACIÓN

Esta modalidad surgió en Pekín 2008. Los atletas deben nadar 10 km en aguas abiertas.

INDIVIDUAL   RÍO O MAR

NATACIÓN SINCRONIZADA

Es una modalidad exclusivamente femenina, en la que una pareja o un equipo hace una coreografía en el agua con movimientos extremadamente coordinados.

PAREJA   EQUIPO   PISCINA

NATACIÓN

Es uno de los deportes más antiguos del mundo y está presente en todas las ediciones de las Olimpiadas de la Edad Moderna. Al principio se disputaba en aguas abiertas, pero desde 1908 se disputa en piscinas.

INDIVIDUAL   EQUIPO   PISCINA

POLO ACUÁTICO

Este fue el primer deporte colectivo a formar parte de los Juegos Olímpicos: estrenó en París 1900.

EQUIPO   PISCINA   PELOTA   PORTERÍA

CLAVADOS

Se disputan competiciones de saltos de trampolín de 3 m y de 10 m. Desde Sídney 2000, hay pruebas sincronizadas de parejas tanto en trampolín como en plataforma.

INDIVIDUAL   PAREJA   PISCINA   PLATAFORMA   TRAMPOLÍN

ESGRIMA

Forma parte de las Olimpiadas desde su primera edición en la Edad Moderna. Se utilizan tres armas: sable, florete y espada.

INDIVIDUAL   EQUIPO   ESPADA   CARETA

FÚTBOL

En las Olimpiadas, los jugadores deben tener como máximo 23 años, excepto tres de cada equipo, que no tienen límite de edad.

EQUIPO   PELOTA   PORTERÍA

GIMNASIA ARTÍSTICA

Tradicional en la Edad Antigua, este deporte forma parte de los Juegos Olímpicos desde su primera edición en la Edad Moderna.

Las modalidades para la categoría femenina son: barras asimétricas, barra de equilibrio, salto de potro y suelo. Las modalidades para la categoría masculina son: anillas, barra fija, barras paralelas, caballo con arcos, salto de potro y suelo.

INDIVIDUAL   EQUIPO   BARRAS   CABALLO CON ARCOS   ANILLAS

GIMNASIA EN TRAMPOLÍN

Surgió como una forma de entrenamiento para trapecistas de circo y astronautas. Estrenó en las Olimpiadas en Sídney 2000.

INDIVIDUAL   TRAMPOLÍN

GIMNASIA RÍTMICA CON MAZAS

GIMNASIA RÍTMICA

Esta modalidad es exclusivamente femenina. Solo se utilizan cuatro de los cinco aparatos en cada ciclo olímpico.

INDIVIDUAL   EQUIPO   CUERDA   ARO   PELOTA   CINTA   MAZA

GOLF
Este deporte volvió a ser olímpico en Río 2016, tras más de 100 años sin disputarse en los Juegos.
El circuito cuenta con 72 hoyos.

INDIVIDUAL   PALO Y PELOTA

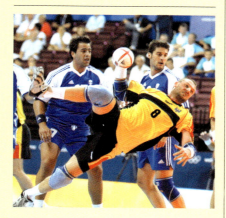

 ### BALONMANO
Se conoce este deporte como "fútbol con las manos".

EQUIPO   PELOTA   PORTERÍA

 ### ADIESTRAMIENTO ECUESTRE
Este deporte surgió en la Grecia Antigua. En esta modalidad se evalúan la disciplina, la obediencia y la elegancia del caballo. En las competiciones de hipismo los equipos son mixtos, hombres y mujeres compiten juntos.

INDIVIDUAL   EQUIPO   CABALLO

CONCURSO COMPLETO ECUESTRE
Esta modalidad surgió como una disputa entre militares de caballería y hasta 1948 apenas oficiales participaban de las pruebas. Se lo considera el "triatlón ecuestre" porque se compone de adiestramiento, obstáculos naturales en velocidad y saltos.

INDIVIDUAL   EQUIPO
CABALLO   OBSTÁCULO

 ### SALTO ECUESTRE
Las pruebas de esta modalidad consisten en completar un recorrido compuesto por un total de ocho a doce obstáculos como barras, muros y fosos.

EQUIPO   CABALLO   OBSTÁCULO

LUCHA

Es el segundo deporte más antiguo (el primero es el atletismo). Hay dos estilos de lucha: la grecorromana (solo se utilizan los brazos y el tronco) y la libre (además de los brazos y del tronco, se utilizan las piernas).

INDIVIDUAL · TAPIZ

KÁRATE

El kárate aparecerá por primera vez como un deporte olímpico en Tokio 2020. Hay dos eventos en el programa: *kata* (con ejercicios de potencia y velocidad) y *kumite* (que tiene como objetivo tocar al oponente mediante golpes y patadas).

INDIVIDUAL · TATAMI

LEVANTAMIENTO DE PESAS

Este deporte se practica en dos modalidades: "arrancada" (el atleta alza la barra del suelo hasta la cabeza y la sujeta por dos segundos) y "dos tiempos" (primero el atleta alza la barra hasta la altura de los hombros y luego la eleva hasta la cabeza).

INDIVIDUAL · PESA

 SKATEBOARDING

El deporte se presentará en los Juegos Olímpicos por primera vez en Tokio 2020. La competencia incluirá dos eventos: *park* (con rampas y curvas) y *street* (con escaleras, bordillos, pasamanos y cuestas).

INDIVIDUAL · MONOPATÍN

ESGRIMA

 ESCALADA DEPORTIVA

En 2014, el deporte formó parte del Laboratorio de Deportes de los Juegos Olímpicos de la Juventud en Nanjing. Se presentará en los Juegos Olímpicos por primera vez en Tokio 2020. Los atletas competirán en tres modalidades: bloque, dificultad y velocidad.

INDIVIDUAL · MURO DE ESCALADA

PENTATLÓN MODERNO

La modalidad se compone de esgrima, natación, equitación y prueba combinada de carrera y tiro.

INDIVIDUAL · ESPADA · PISCINA · CABALLO · CAMPO · ARMA

 SURF

El surf se presentará en los Juegos Olímpicos por primera vez en Tokio 2020. Los participantes utilizarán tablas cortas en la competencia.

INDIVIDUAL · TABLA

BÉISBOL/ SÓFTBOL

En los Juegos Olímpicos, solo los hombres juegan al béisbol. Fue disputado por primera vez en Barcelona 1992 y volverá en Tokio 2020. Lo mismo sucederá con el sóftbol, que en los Juegos Olímpicos solo juegan las mujeres. Las dos diferencias principales entre estos deportes son el estilo de lanzamiento y el tamaño del campo.

EQUIPO · BATE · PELOTA

HOCKEY SOBRE HIERBA

India es líder en este deporte: su equipo masculino venció todas las ediciones desde 1928 hasta 1956.

EQUIPO · PALO · PELOTA

 YUDO

"Yudo" significa "el camino de la suavidad".

INDIVIDUAL · TATAMI

REMO

Este deporte forma parte de las Olimpiadas desde Atenas 1896, pero en esta primera participación se cancelaron las competiciones a causa del mal tiempo.

- INDIVIDUAL
- PAREJA
- EQUIPO
- REMO
- BARCO/BOTE

RUGBY
El *rugby* ingresó en el programa olímpico gracias al Barón de Coubertin, "el padre de los Juegos Olímpicos de la Edad Moderna" y admirador de este deporte. Solo se disputó en las ediciones de 1900, 1908, 1920 y 1924. Regresó en Río 2016.

- EQUIPO
- PELOTA

TAEKWONDO
El nombre de este deporte originario de Corea significa "camino de las manos y de los pies".

- INDIVIDUAL
- PETO
- CASCO

TENIS
En este deporte se permiten parejas mixtas.

- INDIVIDUAL
- PAREJA
- RAQUETA
- PELOTA

TENIS DE MESA
El deporte surgió en Inglaterra como un juego elegante después de la cena. Por ser muy popular en China, es hoy el deporte con más adeptos en el mundo. Durante un partido la pelota puede alcanzar hasta 150 kilómetros por hora.

- INDIVIDUAL
- PAREJA
- EQUIPO
- RAQUETA
- PELOTA
- MESA

TIRO CON ARCO
En la modalidad olímpica solamente se permite el uso del arco recurvo, que presenta más dificultad a los arqueros que el arco compuesto. El blanco se encuentra a 70 m de distancia del atleta y las flechas pueden alcanzar los 240 kilómetros por hora.

- INDIVIDUAL
- EQUIPO
- FLECHA Y ARCO
- BLANCO

TIRO
Se utilizan carabina, pistola y rifle. Hoy en día los blancos son de forma circular y ya no tienen la forma de animales o personas para evitar que se asocie este deporte a la violencia. Para aumentar su precisión los tiradores controlan las pulsaciones de su corazón y solo disparan entre un latido y otro.

- INDIVIDUAL
- EQUIPO
- ARMA
- BLANCO

TRIATLÓN
Este deporte de resistencia estrenó en las Olimpiadas en Sídney 2000. La prueba se compone de 1,5 km de natación, 40 km de ciclismo y 10 km de carrera, en este orden.

- INDIVIDUAL
- EQUIPO
- MAR
- BICICLETA
- CALLE

VELA
Este es el deporte en el que Brasil ha ganado más medallas: dieciocho, de las cuales siete de oro, tres de plata y ocho de bronce.

- INDIVIDUAL
- PAREJA
- BARCO DE VELA

VOLEIBOL DE PLAYA
Es uno de los deportes en los que Brasil se ha destacado más en los Juegos Olímpicos.

- PAREJA
- PELOTA
- PLAYA

VOLEIBOL
Así como el voleibol de playa, es uno de los deportes en los que Brasil más se ha destacado en las Olimpiadas. En Los Ángeles 1984 se utilizó por primera vez el saque fuerte que se volvería conocido como "viaje al fondo del mar", creado por el brasileño Jorge Mello Bittencourt.

- EQUIPO
- PELOTA

JUEGOS OLÍMPICOS DE INVIERNO

Deportes disputados en los Juegos Olímpicos de Pieonchang 2018

BIATLÓN
La prueba se compone de esquí de fondo y tiro.

- INDIVIDUAL
- EQUIPO
- ESQUÍ
- ARMA

BOBSLEIGH
Se trata de un deporte de trineo.

- PAREJA
- EQUIPO
- TRINEO

COMBINADA NÓRDICA
Se compone de una carrera de 10 km de esquí de fondo y un salto. Es un deporte exclusivamente masculino.

- INDIVIDUAL
- EQUIPO
- ESQUÍ

ESQUÍ ALPINO
Se compone de cinco pruebas femeninas y cinco masculinas.

- INDIVIDUAL
- EQUIPO
- ESQUÍ
- BASTÓN

ESQUÍ DE FONDO

- INDIVIDUAL
- EQUIPO
- ESQUÍ
- BASTÓN

ESQUÍ ACROBÁTICO O ESTILO LIBRE
Se disputan cinco modalidades femeninas y cinco masculinas.

- INDIVIDUAL
- ESQUÍ
- BASTÓN

CURLING
La piedra que se utiliza en el juego pesa aproximadamente 20 kg.

- PAREJA
- EQUIPO
- PIEDRA DE GRANITO
- CEPILLO

LUGE
Es uno de los deportes de invierno más peligrosos.

- INDIVIDUAL
- PAREJA
- EQUIPO
- TRINEO

HOCKEY SOBRE HIELO

- EQUIPO
- BASTÓN
- DISCO

Escanea este código QR para ver más sobre **los deportes olímpicos** http://mod.lk/olidepor

PATINAJE ARTÍSTICO
Este es el más antiguo de los deportes de invierno. Se disputan pruebas exclusivamente femeninas o masculinas y también mixtas.

 INDIVIDUAL　PAREJA
EQUIPO　PATINES

PATINAJE DE VELOCIDAD SOBRE PISTA CORTA
INDIVIDUAL　PATINES

PATINAJE DE VELOCIDAD
INDIVIDUAL　EQUIPO　PATINES

SALTOS DE ESQUÍ
Forma parte de los Juegos Olímpicos de Invierno desde la primera edición.

INDIVIDUAL　EQUIPO　ESQUÍ

SKELETON
INDIVIDUAL　TRINEO

SNOWBOARD
INDIVIDUAL　TABLA

19

JUEGOS PARALÍMPICOS

La atleta estadounidense **Marla Runyan**, que tiene menos de un 10% de la visión, fue la primera discapacitada visual a competir en los Juegos Olímpicos y en los Paralímpicos. En Barcelona 1992, ganó cuatro medallas de oro y en Atlanta 1996, dos más: una de oro y otra de plata.

El **símbolo de los Juegos Paralímpicos** es el "Agito", que significa "yo muevo", en latín.

Mandeville es el nombre de la mascota que representó los Juegos Paralímpicos de Londres 2012.

La arquera neozelandesa **Neroli Fairhall** fue la primera parapléjica que participó de los Juegos Olímpicos, en 1984.

EN 1948, EN VILLA STOKE MANDEVILLE, cerca de Londres, el neurólogo Sir Ludwig Guttmann organizó el primer evento deportivo para excombatientes de la Segunda Guerra Mundial que habían quedado con alguna secuela, como parte de su rehabilitación. Doce ediciones anuales después, estas competiciones se convirtieron en los Juegos Paralímpicos, en Roma 1960.

Desde 1988 los Juegos Paralímpicos se disputan en las mismas ciudades que albergan los Juegos de Verano, algunas semanas después de estos. Incluso, se realizan en las mismas instalaciones, con algunas adaptaciones.

La palabra que define estos juegos es **superación**. Atletas con diversas discapacidades, congénitas o adquiridas, compiten en modalidades ajustadas a sus necesidades.

JUEGOS PARALÍMPICOS DE VERANO

Deportes que van a disputarse en los Juegos Paralímpicos de Tokio 2020

BALONCESTO EN SILLA DE RUEDAS
Este deporte ha estado presente en todas las ediciones de los Juegos Paralímpicos. Participan atletas con discapacidad físico-motora.

EQUIPO   CANASTA   PELOTA

SALTO EN LONGITUD

ATLETISMO
Se compone de modalidades de pista, como carreras de velocidad, medio fondo o fondo por relevos y maratón; de modalidades de campo, como saltos y lanzamientos; y de deportes combinados, como es el caso del pentatlón. Participan atletas con discapacidades motoras, sensoriales o intelectuales.

INDIVIDUAL   EQUIPO
PISTA   VALLA   PÉRTIGA
PESO   DISCO

 Los primeros pictogramas se introdujeron en Barcelona 1992.

BOCCIA
Participan atletas con discapacidad físico-motora.

INDIVIDUAL   PAREJA
EQUIPO   PELOTA

ESGRIMA EN SILLA DE RUEDAS
Se utilizan tres armas: sable, florete y espada. Participan atletas con discapacidad locomotora.

INDIVIDUAL   EQUIPO   ESPADA
CARETA

FÚTBOL 5
Participan atletas con discapacidad visual.

EQUIPO   PELOTA CON CASCABELES
PORTERÍA

GOALBALL
Participan atletas con discapacidad visual.

EQUIPO   PELOTA CON CASCABELES
PORTERÍA

LEVANTAMIENTO DE PESAS
Participan atletas con discapacidad físico-motora.

INDIVIDUAL   PESAS

ECUESTRE
Solo se disputa la modalidad adiestramiento ecuestre. Hombres y mujeres disputan juntos las pruebas. En las Paralimpíadas, los caballos también reciben medallas. Participan atletas con discapacidad físico-motora o visual.

INDIVIDUAL   EQUIPO   CABALLO

YUDO
Participan atletas con discapacidad visual.

INDIVIDUAL   TATAMI

NATACIÓN
Participan atletas con discapacidad física, intelectual o visual.

INDIVIDUAL EQUIPO PISCINA

PARACANOTAJE
Se incluye por primera vez en Río 2016. Hay pruebas exclusivamente femeninas, exclusivamente masculinas y mixtas. Participan atletas con discapacidad físico-motora.

INDIVIDUAL PAREJA
REMO CANOAS KAYAK

PARACICLISMO EN RUTA
Participan atletas con discapacidad físico-motora o visual.

INDIVIDUAL EQUIPO
BICICLETA CASCO

BÁDMINTON
El deporte formará parte de los Juegos Paralímpicos por primera vez en Tokio 2020. Es practicado por atletas que tienen discapacidad físico-motora.

INDIVIDUAL PAREJA
RAQUETA VOLANTE

TENIS EN SILLA DE RUEDAS
Participan atletas con discapacidad física.

INDIVIDUAL PAREJA
RAQUETA PELOTA

PARATRIATLÓN
Se incluye por primera vez en Río 2016. La prueba se compone de 750 m de natación, 20 km de ciclismo y 5 km de carrera. Participan atletas con discapacidad físico-motora o visual.

INDIVIDUAL MAR
BICICLETA CALLE

REMO
Participan atletas con discapacidad física o visual.

INDIVIDUAL PAREJA EQUIPO
REMO BARCO/BOTE

TENIS DE MESA
Es uno de los deportes disputados desde la primera edición de los Juegos. Participan atletas con discapacidad físico-motora o intelectual.

INDIVIDUAL EQUIPO
RAQUETA PELOTA MESA

VOLEIBOL SENTADO
Participan atletas con discapacidad físico-locomotora.

EQUIPO PELOTA

TAEKWONDO
El deporte formará parte de los Juegos Paralímpicos por primera vez en Tokio 2020. Es practicado por atletas que tienen discapacidad físico-motora o intelectual.

INDIVIDUAL PETO CASCO

TIRO CON ARCO
Participan atletas con discapacidad físico-motora.

INDIVIDUAL EQUIPO
ARCO Y FLECHA BLANCO

TIRO
Hay pruebas exclusivamente femeninas, exclusivamente masculinas y mixtas. Participan atletas con discapacidad física o visual.

INDIVIDUAL ARMA BLANCO

RUGBY EN SILLA DE RUEDAS
Los equipos se componen de hombres y mujeres. Participan atletas con discapacidad físico-motora.

EQUIPO PELOTA

JUEGOS PARALÍMPICOS DE INVIERNO

Deportes disputados en los Juegos Paralímpicos de Pieonchang 2018

Escanea este código QR para ver más sobre **los Juegos Paralímpicos**
http://mod.lk/oli_p

BIATLÓN
Se disputan pruebas de esquí de fondo y de tiro. Participan atletas con discapacidad física o visual.

 INDIVIDUAL   ESQUÍ
ARMA

SNOWBOARD
Los atletas que tienen discapacidad físico-motora compiten en dos categorías: *snowboard cross* y *banked slalom*.

 INDIVIDUAL   TABLA

ESQUÍ ALPINO
Se disputan cinco modalidades: descenso, eslalon, eslalon gigante, supergigante y supercombinada. Participan atletas con discapacidad físico-motora o visual.

INDIVIDUAL ESQUÍ

ESQUÍ DE FONDO
Se disputa desde la primera edición de los Juegos Paralímpicos. Participan atletas con discapacidad física o visual.

INDIVIDUAL EQUIPO ESQUÍ

CURLING EN SILLA DE RUEDAS
Los equipos se forman de hombres y mujeres. Participan atletas con discapacidad física o motora.

 EQUIPO PIEDRA DE GRANITO
CEPILLO

HOCKEY SOBRE HIELO
Participan atletas con discapacidad física.

EQUIPO   BASTÓN   DISCO

23

ATLETAS

Hasta 1988 los atletas que participaban de los Juegos Olímpicos no podían ser profesionales, es decir, no podían ser asociados a federaciones ni ser remunerados por competir. Así, muchos no pudieron acudir a las competiciones por no tener recursos financieros ni apoyo de sus gobiernos. Además, no siempre recibían permiso en sus trabajos. Con el rápido desarrollo de los deportes y la exigencia de rendimientos cada vez más altos, se impuso la inclusión de los atletas profesionales, quienes, a diferencia de los otros, se dedicaban exclusivamente al deporte. Hoy, los Juegos reúnen la verdadera élite de cada modalidad.

El hombre más rápido

➲ El atleta jamaicano **Usain Bolt** es, en la actualidad, "el hombre más rápido del mundo": venció los 100 m, los 200 m y los relevos 4 × 100 m en Pekín 2008. En Londres 2012 repitió el hecho, ¡y cuenta en su haber con un total de ocho oros olímpicos en atletismo!

Desde antes de Bolt el atletismo registra grandes medallistas olímpicos: el estadounidense **Carl Lewis** ganó nueve oros y una plata (Los Ángeles 1984, Seúl 1988, Barcelona 1992 y Atlanta 1996). El finlandés **Paavo Nurmi** se destacó con nueve oros y tres platas (Amberes 1920, París 1924, Ámsterdam 1928). El checo **Emil Zátopek** venció en tres pruebas en Helsinki 1952: los 5 000 m, los 10 000 m y el maratón. Su hazaña nunca fue superada. Ya había ganado un oro y una medalla de plata en Londres 1948.

El mayor campeón olímpico

➲ El nadador estadounidense **Mark Spitz** fue el primero a ganar siete oros en una competición (Múnich 1972). Pero su compatriota **Michael Phelps** lo superó con seis oros y dos bronces en las Olimpiadas de Atenas 2004. En Pekín 2008, una vez más este conquistó medallas en las ocho categorías en las que compitió, pero esta vez todas de oro. Es el mayor campeón olímpico: ¡28 medallas en tres ediciones, de las cuales 23 de oro!

18 MEDALLAS

Los principales *gimnastas* de las Olimpiadas

● La gimnasta artística soviética **Larisa Latynina** ganó en total ¡dieciocho medallas olímpicas! entre 1956 y 1964, un récord solo superado por Michael Phelps. Es la mujer que ha ganado más medallas olímpicas de todos los tiempos. Otro gimnasta artístico soviético marcó la historia de los Juegos Olímpicos: **Nikolay Andrianov**, que entre 1972 y 1980 conquistó ¡quince medallas! Por su parte, la gimnasta artística rumana **Nadia Comaneci** obtuvo la nota máxima y tres medallas de oro, una de plata y otra de bronce con tan solo 14 años en Montreal 1976. En Moscú 1980 ganó dos oros y dos platas más.

"Brasileirinho"

● La gimnasta artística brasileña **Daiane dos Santos** no conquistó medallas en Atenas 2004 ni en Pekín 2008. Sin embargo, consiguió inscribir en la historia de los Juegos Olímpicos su mayor proeza: la ejecución del doble *twist* estirado, una acrobacia que se hizo conocida como "Dos Santos" y que la atleta ejecutó en Atenas 2004 al ritmo de la canción "Brasileirinho".

Las estrellas del baloncesto

● En Barcelona 1992, la selección estadounidense de baloncesto, conocida como *Dream Team*, de la cual formaban parte atletas como **Michael Jordan** y **Magic Johnson**, se llevó el oro. Jordan, antes de los logros del "Equipo de los Sueños", ya había obtenido el oro en Los Ángeles 1984; se lo considera el mejor jugador de baloncesto de todos los tiempos. Johnson se volvió un ícono por su increíble desempeño en la cancha y por anunciar, poco antes de los Juegos, que era portador del virus del sida.

● El brasileño **Oscar Schmidt** nunca conquistó un oro olímpico, pero es el máximo anotador de los Juegos de todos los tiempos: ¡1093 puntos en cinco ediciones! En Seúl 1988 marcó 55 puntos contra España, puntuación en un solo partido que hasta ahora no ha sido superada.

El boxeador estadounidense *Muhammad Ali* obtuvo la medalla de oro en 1960, a los 18 años. El atleta dice que este mismo año tiró su medalla al río por haber sido discriminado en un restaurante de su ciudad natal (Louisville, EE. UU.) debido a su color de piel.

¡Tarzán!

El estadounidense **Johnny Weissmuller** consiguió tres medallas de oro en la natación y una de bronce en el polo acuático en 1924; en 1928, ganó otros dos oros en la natación. En 1932, dejó el deporte e interpretó el personaje Tarzán en el cine. En la carrera artística lo siguieron sus compatriotas **Herman Brix**, medallista de plata en lanzamiento de peso en 1928, y **Glenn Morris**, medallista de oro en el decatlón en 1936. De esta forma, el personaje Tarzán fue interpretado por tres exatletas olímpicos.

Curiosidades

El atleta olímpico más joven que ha conseguido ganar una medalla fue **Henry Clundey**: plata en remo en Estocolmo 1912, ¡a los 10 años!

El sueco **Oscar Swahn** es el atleta con mayor edad que ha ganado una medalla: a los 72 años obtuvo la plata en el tiro, en 1920. Ya había ganado dos oros y un bronce en Londres 1908, y un oro y un bronce en Estocolmo 1912. En todas las ediciones disputó con su hijo, **Alfred**.

◉ En París 1924, el atleta británico Eric Liddell dejó de competir en los 100 m porque la carrera se celebraría durante un día sagrado para su religión. Ganó el bronce en los 200 m lisos y el oro en los 400 m. Su historia y la de otros atletas de la delegación británica de 1924 fue plasmada en la película *Carros de fuego*.

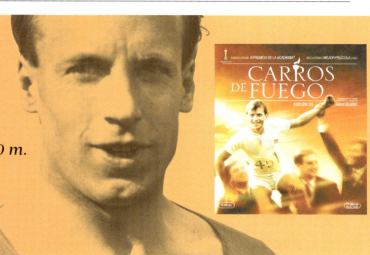

◉ El ucraniano **Serguéi Bubka** es "el nombre" del salto con pértiga. Conquistó el oro en Seúl 1988 y elevó el récord mundial de 5,83 m a 6,14 m, marca superada tan solo en 2014 por el francés **Renaud Lavillenie**.

5,83 m   6,14 m

◉ La tenista alemana **Steffi Graf** es un ícono del tenis. Fue la única mujer que ha conseguido ganar el Golden Slam: cuatro títulos de Grand Slam, además de un oro olímpico (Seúl 1988). También conquistó un bronce en Seúl 1988, una plata en Barcelona 1992 y otra en Sídney 2000.

◉ El estadounidense **Edward Eagan** es el único atleta en ganar una medalla de oro en los Juegos de Verano (en el boxeo, en 1920) y en los de Invierno (en el *bobsleigh*, en 1932).

◉ En Moscú 1980, los gemelos alemanes **Bernd** y **Jörg Landvoigt** ganaron medalla de oro en el remo. En segundo lugar, otros gemelos: los soviéticos **Nikolai** y **Yuri Pimenov**. Los Landvoigt también se llevaron el oro en Montreal 1976 y el bronce en Múnich 1972.

◉ El saltador **Adhemar Ferreira da Silva** ganó el oro en Helsinki 1952 y en Melbourne 1956. En Helsinki, al final de la prueba de triple salto, el público ovacionó al atleta mientras este recorría el estadio trotando y saludando. Surgía, así, la vuelta olímpica.

Brasileños que se destacaron

◉ Los atletas brasileños con más medallas son de la vela. **Torben Grael** conquistó cinco en total (oro en Atlanta 1996 y Atenas 2004; plata en Los Ángeles 1984; y bronce en Seúl 1988 y Sídney 2000). **Robert Scheidt** también tiene cinco medallas: oro en Atlanta 1996 y Atenas 2004; plata en Sídney 2000 y Pekín 2008; y bronce en Londres 2012. ¡La vela trajo a Brasil dieciocho medallas!

◉ El tercero atleta con más medallas es el nadador **Gustavo Borges**: plata en Barcelona 1992 y Atlanta 1996, y bronce en Atlanta 1996 y Sídney 2000.

◉ El yudo es el deporte olímpico en el que Brasil ha ganado más medallas: ¡un total de veintidós! Entre los yudocas se destacan **Aurélio Miguel** (oro en Seúl 1988 y bronce en Atlanta 1996), **Rogério Sampaio** (oro en Barcelona 1992) y **Sarah Menezes** (conquistó el primer oro del yudo femenino en Londres 2012).

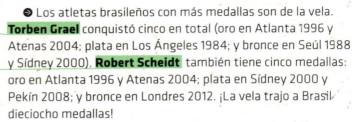

Lars Grael, hermano de **Torben Grael**, conquistó el bronce en Seúl 1988 y en Atlanta 1996. En 1998 sufrió un accidente y tuvieron que amputarle su pierna derecha. Hace algunos años volvió a competir en vela.

◉ El atleta João Carlos de Oliveira, conocido como João do Pulo, era una de las promesas de Montreal 1976 porque detentaba el récord mundial en el salto, pero salió con la medalla de bronce. En Moscú 1980, una vez más trajo el bronce. Un año después sufrió un accidente de coche y perdió la pierna derecha.

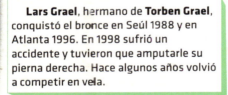

◉ En Atenas 2004, un exsacerdote irlandés invade la pista del maratón y arrastra al brasileño **Vanderlei Cordeiro de Lima** hacia fuera de la pista. El deportista, entonces líder de la prueba, termina en tercero, pero gana la medalla especial Pierre de Coubertin por su deportividad y espíritu olímpico.

FAIR PLAY Y ESPÍRITU OLÍMPICO

◉ En 1964 los veleadores suecos **Lars Gunnar Käll** y **Stig Lennart Käll** renunciaron a la competición para ayudar a sus oponentes —cuyo barco se había hundido— y ganaron el primer premio *Fair Play* del COI. En Seúl 1988, el navegante de yates canadiense **Lawrence Lemieux** hizo lo mismo, desistiendo de la medalla de plata; ganó el premio especial del COI: la medalla Pierre de Coubertin.

◉ En los Juegos de Invierno de Lillehammer 1994, un equipo de *bobsleigh* a cuatro se componía de un croata, un serbio y dos bosnios. Mientras tanto, sus países se enfrentaban en la Guerra de Bosnia.

Superación

En los Juegos Olímpicos muchas son las historias de superación, sobre todo de limitaciones físicas.

➤ En Los Ángeles 1984, la maratonista estadounidense naturalizada suiza **Gabriele Andersen-Scheiss** termina los últimos 400 m de la prueba tambaleando. Al cruzar la línea de llegada, se desmaya, y conmueve al mundo.

➤ Muchos atletas compitieron heridos (con el pulgar o la clavícula rotos, por ejemplo). Pero la que más sorprendió fue la danesa **Lis Hartel**: en 1952 y 1956, cuando todavía no se habían creado los Juegos Paralímpicos, superó la poliomielitis que sufrió durante el embarazo y consiguió la medalla de plata en adiestramiento ecuestre compitiendo paralizada abajo de las rodillas.

Los nobles también acuden a los Juegos Olímpicos

➤ En Ámsterdam 1928, el entonces príncipe noruego **Olaf V** ganó la medalla de oro con el equipo de vela.

➤ En Múnich 1972, el entonces rey de España, **Juan Carlos**, compitió en la vela sin vencer. En Barcelona 1992, lo hizo su hijo, el príncipe **Felipe de Borbón**, también en vela, pero sin conquistar medallas.

➤ En Roma 1960, el equipo de vela griego ganó el oro y entre sus miembros estaban el príncipe **Constantino II** y su hermana, la reina **Sofía** de España, en calidad de suplente.

➤ En Londres 2012, la amazona **Zara Philips**, nieta de la reina Elizabeth II, de Inglaterra, conquistó la plata en el Concurso Completo Ecuestre (CCE). Su madre, la princesa **Anne**, compitió también en la misma prueba, en Montreal 1976, pero no ganó medallas. Su padre, **Mark**, ganó el oro en el CCE en Múnich 1972 y la plata en Seúl 1988.

La danesa **Lis Hartel** tuvo que ser ayudada por el campeón Henri Saint Cyr a subir al podio.

➤ En los Juegos de Invierno de Turín 2006, el bastón de la canadiense **Sara Renner** (atleta de esquí de fondo) se rompió. El entrenador noruego **Bjørnar Håkensmoen** le prestó uno de los suyos. Su actitud rendió la medalla de plata a la canadiense y su país terminó en la cuarta posición.

29

ANÉCDOTAS DESTACADAS

- El atleta inglés **Derek Redmond** sufrió una lesión en la pierna durante la competición de los 400 m en Barcelona 1992, pero rechazó la ayuda médica y siguió saltando con un solo pie los 150 m que le quedaban. Su padre invadió la pista y lo abrazó, ayudándole a concluir la prueba. Es una de las escenas más conmovedoras de los Juegos.

- A los 19 años, la atleta estadounidense **Elizabeth Robinson**, medallista de oro y plata en 1928, sufrió un accidente de avión. Estuvo dos meses en coma y dos años sin caminar, pero en 1936 conquistó el oro de nuevo en la carrera de relevos 4 × 100 m.

- El brasileño **Adalberto Cardoso** corrió descalzo en 1932, pero no ganó medalla. En 1960, el etíope **Abebe Bikila** hizo lo mismo y obtuvo el oro. En Tokio 1964, el africano también llevó el oro en el maratón, pero esta vez con zapatillas.

- El militar y deportista húngaro **Károly Takács** perdió la mano derecha por culpa de una granada en 1938. A partir de entonces, tuvo que entrenar tiro con la mano izquierda. Lo logró y ganó la medalla de oro en 1948 y 1952.

- Al atleta húngaro de polo acuático **Olivér Halassy** tuvieron que amputarle la pierna durante la niñez debido a un accidente de tranvía. Sin embargo, ganó tres oros (1928, 1932, 1936) cuando todavía no existían los Juegos Paralímpicos.

- El atleta portugués **Carlos Lopes** fue atropellado quince días antes de los Juegos de Los Ángeles 1984. Se recuperó, compitió y consiguió la medalla de oro en el maratón a los 37 años.

- En Atlanta 1996, la gimnasta artística estadounidense **Kerri Strug** se rompió el tobillo en el primer salto; pero no desistió y realizó el segundo salto, con perfección, pese al intenso dolor.

- En Seúl 1988 el estadounidense **Greg Louganis** batió la cabeza en el trampolín en la prueba de los saltos ornamentales. Le dieron cinco puntos y él volvió a la piscina, saltó y llevó dos oros. Años después declaró haber descubierto que era portador del virus del sida y que se había enterado de ello seis meses antes de los Juegos. Él ya había conquistado, además, dos oros en Los Ángeles 1984 y una plata en Montreal 1976.

SUPERCHERÍAS Y DOPAJE

- En Seúl 1988, el atleta jamaicano naturalizado canadiense **Ben Johnson** ganó el oro en los 100 m lisos y derrotó al ídolo estadounidense **Carl Lewis**. Pero se descubrió que Johnson había utilizado un anabolizante prohibido. Se le retiró la medalla y se le excluyó de los Juegos durante dos años. En Barcelona 1992 no pasó de las semifinales.

- En 1904 el estadounidense **Fred Lorz** venció el maratón, ¡pero se descubrió que había recorrido parte del trayecto en un coche! Se le suspendió del atletismo, aunque meses después recibió la amnistía.

- En Berlín 1936, bajo la hegemonía de Adolf Hitler, Alemania tendría que ser el país que consiguiera mayor número de medallas a toda costa. Así, cuando el alemán **Toni Merkens** fue penalizado por una maniobra ilegal en contra del holandés **Arie van Vliet** en la prueba de ciclismo, apenas tuvo que pagar una multa de 100 marcos, en lugar de perder la medalla de oro.

- Tras la caída del Muro de Berlín, algunos atletas que habían participado de los Juegos de Berlín 1936 confesaron haber sido víctimas de un **dopaje provocado por el gobierno** para mejorar su desempeño.

- En Roma 1960, el ciclista danés **Knut Jensen** cayó desmayado y murió durante la prueba debido al uso de anfetaminas. Desde entonces, el COI toma medidas para evitar y penalizar el dopaje; en México 1968 se introdujo el control rígido y el examen antidopaje.

- En Montreal 1976, el atleta de esgrima del pentatlón moderno **Boris Onischenko**, de la Unión Soviética, instaló en su espada un sistema que le daba puntos aun sin haber tocado a su oponente. Lo expulsaron de los Juegos y del deporte cuando descubrieron sus argucias tramposas.

- La atleta brasileña del salto en longitud **Maurren Maggi** no pudo participar de Atenas 2004 porque cumplía suspensión por dopaje. Pero en Pekín 2008 participó y ganó el oro.

- En las Paralimpiadas, además de los análisis clínicos, se controla o limita el uso de prótesis u órtesis en cada modalidad para evitar un **dopaje tecnológico**.

DEPORTE y FUTURO

Con el avance de la tecnología, los equipamientos deportivos han evolucionado y ofrecido más seguridad y, en algunos casos, más facilidades a los atletas.

Arbitraje La tecnología ha contribuido para la mejora del trabajo de los jueces y evaluadores técnicos, brindándoles recursos como sensores y medidores, entre otros soportes para evitar errores de arbitraje. Uno de los más importantes avances fue el *photofinish*, que surgió en 1932 para garantizar los resultados a través de imágenes. Desde entonces ha evolucionado y hoy se cuenta con fotos y vídeos, incluso en 3D.

Atletismo Muchas son las evoluciones en este deporte. En 1988, surgieron las pértigas hechas de fibra de carbono; hasta entonces estaban hechas de bambú o madera, lo que ofrecía más riesgo a los atletas. Hoy día se utilizan también las de fibra de vidrio.

Hasta 1964 las **pistas de atletismo** se construían con tierra, arena o polvo de carbón. En Tokio 1968, se empleó por primera vez un suelo sintético.

Ciclismo El año 1937 marcó este deporte: surgieron las primeras **bicicletas** con marchas. En los años 1980, pasan a confeccionarlas de acero y, en fines de los 1990, de aluminio y de fibra de carbono. En Atenas 1986 las bicis pesaban cerca de 16 kg; hoy pesan menos de 7 kg.

Escanea este código QR para ver más sobre **los atletas**
http://mod.lk/oli_bolt

◉ **Esgrima** En 1956 se utilizan por primera vez espadas conectadas a sensores eléctricos para facilitar la identificación del toque entre los esgrimistas.

◉ **Esqui** Hasta 1972 los esquís de los Juegos de Invierno estaban hechos completamente de madera. Hoy en día se confeccionan a base de madera y fibra de vidrio.

◉ **Recursos** Algunos atletas compensan posibles limitaciones físicas con recursos diversos, como el atleta brasileño Joaquim Cruz que utilizaba zapatillas deportivas especiales para compensar la diferencia de longitud entre sus piernas, ya que la izquierda era dos centímetros más larga que la derecha.

◉ **Hipismo** En este deporte el principal "equipamiento" es el caballo y su desempeño es determinante para la competición. En Sídney 2000 el animal del brasileño Rodrigo Pessoa, Baloubet du Rouet, rehusó saltar un obstáculo y ellos fueron eliminados. En 2004 ambos ganaron la medalla de plata, pero el caballo del jinete campeón, el irlandés Cian O'Connor, fue detectado por el examen de dopaje, por lo que el brasileño y Baloubet recibieron el oro. En Pekín 2008 fue el caballo de Pessoa, Rufus, el que no superó la prueba antidopaje y ambos fueron desclasificados de la competición.

◉ **Natación** En este deporte el más importante avance fue el material de los **bañadores**, que pasaron de la lycra hasta la LZR, una tecnología desarrollada por la NASA, o los confeccionados tomando como base la piel de los tiburones. Debido a la dificultad de mensurar los beneficios de esos trajes, desde 2010 están prohibidos. Sin embargo, desde 2012, las piscinas se equipan con un sistema que evita la formación de olas cuando los nadadores se mueven.

Aún sobre las pruebas acuáticas, en la natación sincronizada se instalan altavoces subacuáticos para que las atletas escuchen la canción mientras estén bajo el agua.

BRASIL
en los Juegos

En **1920**, Brasil participa por primera vez en los Juegos Olímpicos y disputa cinco modalidades: natación, remo, polo acuático, clavados y **tiro**. Desde entonces Brasil apenas dejaría de participar en la edición de 1928 en Ámsterdam, debido a la crisis económica que padecía aquella época. En París 1924, Los Ángeles 1932 y Berlín 1936, Brasil no ganó ninguna medalla.

> Para llegar a Amberes 1920, los atletas —elegidos con solo diez días de antelación— viajaron en el restaurante de un navío hasta Lisboa, donde se dieron cuenta de que de esta forma no conseguirían llegar al inicio de los Juegos.
> De ahí a la ciudad sede fueron en un tren descubierto, a la intemperie y lloviendo.
> Al llegar en Amberes, se enteraron de que la competición había sido aplazada en una semana. Y, por si esto fuera poco, el equipo de tiro sufrió un robo en Bruselas. Los deportistas lograron competir gracias a la delegación estadounidense, que les prestó el equipamiento necesario.
> Al final, los atletas trajeron tres medallas: una de oro, una de plata y otra de bronce, todas en la modalidad de **tiro**.

La primera mujer sudamericana en participar en los Juegos fue la nadadora brasileña Maria Lenk, en 1932, con tan solo 17 años.

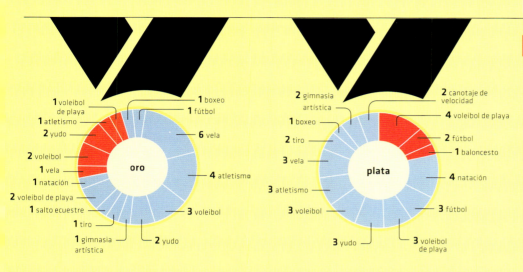

Los Juegos
EN BRASIL

➲ El 2 de octubre de 2009 **Río de Janeiro** superó a Tokio, Chicago y Madrid y consiguió la designación de sede de los Juegos de Verano de 2016, que se celebraron entre el 5 y el 21 de agosto, así como sede de los Juegos Paralímpicos, que se realizaron entre el 7 y el 18 de septiembre del mismo año. Para ello, la ciudad presentó su proyecto para satisfacer a los requisitos exigidos por el COI con relación a la infraestructura: instalaciones deportivas para los entrenamientos y para la realización de las competiciones; lugar para albergar a los atletas; transportes aéreos y terrestres; hotelería; seguridad; entre otras exigencias. Muchas obras se realizaron para recibir a los mejores atletas del deporte mundial.

➲ En el **Parque Olímpico**, conjunto con diversas instalaciones en el barrio de Barra da Tijuca, se disputaron quince modalidades olímpicas y once paralímpicas. Los cerca de doce mil atletas se alojaron en la villa olímpica, grandioso conjunto con 48 edificios que están a la venta. Las Olimpiadas contaron con cerca de 60 000 voluntarios, muchos extranjeros.

➲ En Brasil se disputaron 32 modalidades olímpicas.

Cuadro de medallas

Los deportes en los que **Brasil** ganó medallas

Leyenda
- masculino
- femenino

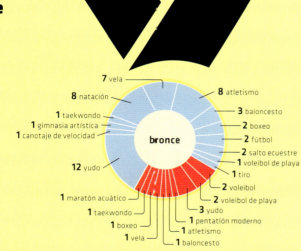

La logomocarca tridimensional representa a los atletas y el espíritu olímpico.

Total por sexo

Leyenda
- masculino
- femenino

	oro	plata	bronce
masculino	23	29	49
femenino	7	7	14

total: 101
28

➲ En el **sambódromo**, escenario del carnaval carioca, tuvieron lugar las pruebas de tiro con arco y la meta del maratón. Las ceremonias de apertura y de clausura se realizaron en el estadio **Maracanã**, además de algunos partidos de fútbol.

Actividades sobre los
JUEGOS OLÍMPICOS

1 Apunta al menos cinco deportes.

a Acuáticos:

b En parejas:

c En los que se utilizan equipamientos:

d Exclusivamente de invierno:

2 Busca en el libro y contesta las preguntas.

a ¿Qué deporte(s) se disputa(n) exclusivamente por mujeres?

b ¿Y cuál(es) se disputa(n) exclusivamente por hombres?

c ¿En qué deporte(s) se permiten equipos mixtos?

3 Escribe al menos cinco deportes que se disputan tanto en los Juegos Olímpicos de Verano como en los Paralímpicos de Verano.

4 Escribe las preguntas para las siguientes respuestas.

a

Los atletas deben tener entre 15 y 18 años.

b

Los siguientes: la motonáutica, el tira y afloja, el críquet, el croquet, el juego de palma, el *lacrosse*, la pelota vasca, el polo, el raquetbol y el roque.

c

Se llaman pictogramas.

5 Apunta al menos dos diferencias entre la Ceremonia de Apertura y la de Clausura.

6 Investiga y marca V, si la afirmación es verdadera, o F, si es falsa. Luego, corrige las falsas.

a ☐ Los guantes de los boxeadores solo pueden ser azules o blancos.

b ☐ Los atletas de salto con pértiga pueden elegir la altura, el peso y el diámetro de la pértiga.

c ☐ En el bádminton los atletas utilizan dos raquetas y una pelota pequeña.

d ☐ Los yudocas solamente pueden utilizar judoguis (su uniforme) blancos o azules.

e ☐ Para ser árbitro de yudo hay que ser yudoca con cinturón negro.

f ☐ En el pentatlón moderno, los atletas deben nadar en el estilo mariposa.

Más allá de los JUEGOS OLÍMPICOS...

1 Investiga sobre el atentado a la delegación israelí en los Juegos Olímpicos de Múnich 1972 y discute con el profesor de Historia: ¿cuáles fueron los motivos del atentado?

2 ¿Por qué se produjeron los boicots a los Juegos de Moscú 1980 y Los Ángeles 1984? Investiga y contesta.

3 Problemas de corrupción mancharon la imagen del Comité Olímpico Internacional en los Juegos de Verano de Atlanta 1996 y los de Invierno de Salt Lake City 2002. Investiga qué ocurrió y cuáles fueron las consecuencias.

4 En los Juegos Olímpicos de Berlín 1936 un hecho enfureció al entonces líder alemán Adolf Hitler en el atletismo. ¿Qué ocurrió? ¿Por qué se puede decir que la actitud del líder reflejó el momento social e histórico mundial?

5 En 1968 los atletas americanos Tommie Smith y John Carlos protestan contra el racismo. ¿Qué hecho reciente los había motivado? ¿Cuál era la situación de los negros en los Estados Unidos en ese periodo?

6 ¿Qué pasaba en Brasil en 1928 que impidió a los deportistas de acudir a los Juegos de Ámsterdam?

Dirección editorial: Sandra Possas
Edición ejecutiva de español: Izaura Valverde
Edición ejecutiva de producción y multimedia: Adriana Pedro de Almeida
Coordinación de arte: Raquel Buim
Coordinación de revisión: Rafael Spigel
Edición de texto: Angela Cristina Costa Neves
Revisión: Marcela Batista, Sheila Folgueral, Vinicius Oliveira
Proyecto gráfico: Hulda Melo
Edición de arte: Hulda Melo, Raquel Coelho
Cubierta: Amanda Miyuki de Sá, Manuel Miramontes
Diseños especiales: Eduardo Asta, Iansã Negrão, Inara Negrão, Ivan Luiz
Ilustración: Guilherme D'arezzo
Captura de fotos: Sara Alencar, Marcia Sato
Coordinación de *bureau*: Rubens M. Rodrigues
Tratamiento de imágenes: Arleth Rodrigues, Bureau São Paulo, Luiz Carlos Costa, Marina M. Buzzinaro, Resolução Arte e Imagem
Preimpresión: Alexandre Petreca, Everton L. de Oliveira Silva, Fabio N. Precendo, Hélio P. de Souza Filho, Marcio H. Kamoto, Rubens M. Rodrigues, Vitória Sousa

Aunque se hayan tomado todas las medidas para identificar y contactar a los titulares de los derechos de los materiales reproducidos en esta obra, no siempre ha sido posible. La editorial se dispone a rectificar cualquier error de esta naturaleza siempre y cuando se lo notifiquen.

Embora todas as medidas tenham sido tomadas para identificar e contatar os titulares dos direitos autorais sobre os materiais reproduzidos nesta obra, isto nem sempre foi possível. A editora estará pronta a retificar quaisquer erros desta natureza assim que notificada.

Impresión y acabado: HRosa Gráfica e Editora
Lote: 292407

Dados Internacionais de Catalogação na Publicação (CIP)
(Câmara Brasileira do Livro, SP, Brasil)

Amendola, Roberta
  Aprendiendo sobre los juegos olímpicos / Roberta Amendola. – 2. ed. – São Paulo : Moderna, 2021.

  1. Esportes – Literatura infantojuvenil 2. Jogos olímpicos – História 3. Literatura infantojuvenil 4. Olimpíadas – História I. Título.

20-47146   CDD-028.5

Índices para catálogo sistemático:
1. Jogos olímpicos : História : Literatura infantojuvenil   028.5
2. Jogos olímpicos : História : Literatura juvenil   028.5

Maria Alice Ferreira – Bibliotecária – CRB-8/7964

ISBN 978-65-5779-532-3

Reprodução proibida. Art. 184 do Código Penal e Lei 9.610 de 19 de fevereiro de 1998.
Todos os direitos reservados.

SANTILLANA ESPAÑOL
EDITORA MODERNA LTDA.
Rua Padre Adelino, 758 – Belenzinho
São Paulo – SP – Brasil – CEP 03303-904
www.santillana.com.br
2021
Impresso no Brasil

Créditos de las imágenes

Cubierta: Diego Barbieri/Shutterstock; Denis Kuvaev/Shutterstock; Muzsy/Shutterstock; Chen WS/Shutterstock; Diego Barbieri/Shutterstock; Radu Razvan/Shutterstock; Andrey Yurlov/Shutterstock; Melis/Shutterstock. **Págs. 2-3:** Voropaev Vasiliy/Shutterstock; Clara/Shutterstock; Reprodução/COI; Joe Scarnici/Getty Images; Ip Archive/Glow Images; Keystone-France/Gamma-Keystone/Getty Images; Thinkstock/Getty Images; Thinkstock/Getty Images; Reprodução/COI; Walter Attenni/AP Photo/Glow Images; Dapd/AP Photo/Glow Images; AFP; Popperfoto/Getty Images. **Págs. 4-5:** Dominique Mollard/AP Photo/Glow Images; Thinkstock/Getty Images; Locog/Zumapress/Glow Images. **Pág. 6:** todas Reprodução/COI. **Pág. 7:** carteles: Reprodução/COI; © IOC; mascotas: TV-Yesterday/IT/Alamy/Glow Images; Martin Hoffmann/Imago Stock/ Keystone Brasil; Sven Simon/Imago Stock/Keystone Brasil; Tony Duffy/Getty Images Sport/Getty Images; Martin Hoffmann/Imago Stock/Keystone Brasil; Xavier Subias/Age Fotostock/Keystone Brasil; Gail Mooney/Corbis/Latinstock; Martin Hoffmann/Imago Stock/Keystone Brasil; Ulrich Baumgarten/Getty Images; Reprodução/COI; Soeren Stache/dpa/Corbis/Latinstock; © IOC. **Pág. 8:** todos Reprodução/COI. **Pág. 9:** Reprodução/COI; Reprodução/COI; Reprodução/COI; Charlie Riedel/AP Photo/Glow Images. **Págs. 10-11:** Xinhua/Eyevine/Glow Images; © IOC; PhotoXpress/ZUMA PRESS/Glow Images; Daniel Swee/Alamy/Glow Images; Xinhua/ZUMA PRESS/Glow Images. **Págs. 12-13:** Paul J Sutton/PCN/Corbis/Latinstock; © IOC; © IOC; Christian Petersen/AP Photo/Glow Images; © IOC; © IOC; Petr Toman/Shutterstock; © IOC; © IOC; © IOC. **Págs. 14-17:** © IOC; © IOC; © IOC; PCN Photography/Alamy/Glow Images; © IOC; © IOC; Luca85/Shutterstock; © IOC; © IOC; © IOC; © IOC; © IOC; Michael Weber/ImageBroker/Glow Images; © IOC; © IOC; PCN Photography/Alamy/Glow Images; © IOC; © IOC; © IOC; Popperfoto/Getty Images; © IOC; © IOC; © IOC; Christina Pahnke/Sampics/Corbis/Latinstock; © IOC; © IOC; Stefan Matzke/Sampics/Corbis/Latinstock; © IOC; © IOC; Popperfoto/Getty Images; © IOC; © IOC; © IOC; © IOC; © IOC; © IOC; Paul Gilham/Getty Images; © IOC; © IOC; © IOC. **Págs. 18-19:** © IOC; © IOC; © IOC; © IOC; Gregorio Borgia/AP Photo/Glow Images; © IOC; © IOC; PCN Photography/Alamy/Glow Images; © IOC; © IOC; PCN Photography/Alamy/Glow Images; © IOC; © IOC; Action Plus Sports Images/Alamy/Glow Images; © IOC; The Canadian Press/Jonathan Hayward/AP Photo/Glow Images; © IOC. **Pág. 20:** Andy Lyons/Getty Images; Bob Thomas/Getty Images; Reprodução/COI. **Págs. 21-22:** Action Plus Sports Images/Alamy/Glow Images; © IOC; Action Plus Sports Images/Alamy/Glow Images; © IOC; © IOC; © IOC; © IOC; © IOC; © IOC; © IOC; © IOC; © IOC; Leo Mason sports photos/Alamy/Glow Images; © IOC; © IOC; © IOC; © IOC; © IOC; © IOC; © IOC; © IOC; © IOC; © IOC; © IOC; Thanassis Stavrakis/AP Photo/Glow Images. **Pág. 23:** Scott Hallenberg/Alamy/Glow Images; A3923/Julian Stratenschulte/dpa/Corbis; Martin Rose/Bongarts/Getty Images. **Págs. 24-33:** Eric Lalmand/UPPA/ZUMA PRESS/Glow Images; PCN Photography/Alamy/Glow Images; RIA Novosti/Alamy/Glow Images; Keystone Pictures USA/Alamy/Glow Images; Ben Stansall/AFP; Foto de Hipólito Pereira/Agência O Globo; Susan Ragan/AP Photo/Glow Images; MixPix/Alamy/Glow Images; Photos 12 - Cinema/Archives du 7e Art/MGM/DR/Diomedia/20th Century Fox/Courtesy/Getty Images; Mary Evans/Ronald Grant Archive/Diomedia; Topical Press Agency/Hulton Archive/Getty Images; Reprodução; Bob Thomas/Getty Images; Ben Radford/Getty Images; Ben Radford/Getty Images; Alexander Hassenstein/Getty Images; Jiro Mochizuki/AFP; Imago Stock/Keystone Brasil; Picture-alliance/Dpa/Other Images; Terry Fincher/Hulton Archive/Keystone/Getty Images; Agence Zoom/Getty Images; PCN Photography/Alamy/Glow Images; Romeo Gacad/AFP; Mister Shadow/dpa/Corbis/Latinstock; Thinkstock/Getty Images; Radu Razvan/Shutterstock; Gambarini Maurizio/Picture-Alliance/Dpa/AP Photo/Glow Images. **Págs. 34-35:** Abril Comunicações S/A; © Rio 2016.

Este libro no es oficial del COB ni del COI.